AF297982

LETTRE

DU R. P. PANEL

DE LA COMPAGNIE DE JESUS,

Touchant le Medailler de feu Mr. LE BRET, Premier Président, &c.

A MYLORD***, à Londres.

A LONDRES.

M. DCC. XXXVII.

AVIS DE L'EDITEUR.

AYant appris que depuis la mort de Mr. Le Bret arrivée au mois d'Octobre 1734, son Medailler étoit à vendre, j'ai crû que les amateurs de l'antiquité verroient avec plaisir cette Lettre dont Mylord *** a bien voulu me confier l'Original. J'avertis nos Curieux d'Angleterre que les Marbres antiques, dont Mr. le Président Bouhier donna une explication, il y a quelques années, les Idoles de bronze, & les Pierres gravées du même Cabinet sont aussi à vendre, comme on me l'écrit de Paris. On trouvera dans cette Lettre quelques fautes d'impression, par exemple, epict pour epi, spinex pour sphinx, & quelques autres, auxquelles il est facile de suppléer.

LETTRE
DU R. P. PANEL,

De la Compagnie de JESUS,

A Mylord * * * * *, *à Londres.*

YLORD,

On ne vous en a pas imposé, quand on vous a dit que le Cabinet de Médailles de M. Le Bret est un des plus curieux que nous ayons en France : je ne crois pas, en effet, qu'il y en ait d'aussi considérable, après celui du Roi ; Peut-être même ne seroit-il pas facile de trouver en Angleterre, toute fertile qu'elle est en amateurs dans ce genre, une totalité de Médailles aussi choisie, aussi riche, aussi nombreuse, & aussi variée. Elle est le fruit de près de quarante années de recherches, & du goût décidé que ce célebre Magistrat eut dès sa jeunesse pour les monumens de l'Antiquité. Il en a donné des preuves dans les sçavantes Dissertations qu'il a publiées en differens temps. Dans la premiere, il explique un Médaillon d'Alexandre le Grand, la

A

seconde eſt une Critique de la Diſſertation de M. Rigord ſur une Médaille d'Herode Antipas. Dès-lors ſon Cabinet reçut chaque jour de nouveaux accroiſſemens. Aux Médailles qu'il prit ſoin de faire chercher à grands frais en Eſpagne, en Gréce, en Egypte, en Syrie, &. dans le reſte de l'Aſie, il réünit les plus conſidérables Médaillers de Provence. De ce nombre ſont ceux de Mrs Bourilly, Terrin, de Gravaiſon, Remuſat, Rigord, & de quelques autres perſonnes dont le nom m'eſt échapé ; ſans compter les acquiſitions qu'il a faites à Paris & ailleurs. C'eſt avec ces ſecours qu'il a formé ces nombreuſes ſuites, qui font aujourd'hui le plus doux amuſement de ſon loiſir. Pour vous en donner une idée, telle que vous la ſouhaitez, il faudroit vous faire ici la deſcription de tout le Cabinet. Vous la verrez un jour dans l'Ouvrage que je prépare.

Diſpenſez-moi donc, Mylord, d'entrer dans un détail, qui paſſeroit les bornes d'une lettre : depuis 1728, où j'eus le plaiſir de voir ce riche Médailler, M. Le Bret a eu la bonté de m'écrire, & m'écrit encore tous les jours ſes nouvelles acquiſitions. Ainſi je puis vous rendre compte, du moins en partie, de ce qu'il y a de plus curieux dans ſon cabinet.

La ſuite des Rois monte à près de 800. Médailles. Parmi ceux de Macédoine, il y a deux Médaillons d'argent, dont l'un repréſente le quatriéme Ayeul d'Alexandre le Grand. Autour d'un carré diviſé en quatre parties égales, on lit ΑΛΕΞΑΝΔΡΟ. Le revers n'a point de legende : mais on y voit un homme debout, tenant de la main droite les rênes d'un cheval, & deux javelots de la main gauche.

Le ſecond eſt d'Antigone. La tête de Diane avec ſon arc & ſon carquois ſur l'épaule. Au revers, une aigle éployée : vis-à-vis d'un cheval ; dans le champ, ΑΒΥΔΗΝΩΝ ; à l'éxergue ΑΝΤΙΓΟΝΟΥ.

D'Egypte, ΠΤΟΛΕΜΑΙΟΥ ΒΑΖΙΛΕΩΣ. La tête de Ptolomée Soter. ‒ Deux têtes accolées, de Ptolomée Philadelphe & d'Arſinoé ſa ſœur.   Æ. 11.

Deux têtes accolées, de Ptolemée Soter & de Berenice. ‒ ΠΤΟΛΕΜΑΙΟΥ ΒΑΣΙΛΕΩΣ. Une aigle poſée ſur la foudre. *Arg. Max. Mod.*

La tête d'Arsinoé , ΑΡΣΙΝΟΗΣ ΦΙΛΑΔΕΛΦΟΥ. Deux cornes d'abondance jointes ensemble. *Aur. Max. Mod.*

La tête de Berenice. - ΒΕΡΕΝΙΚΗΣ ΒΑΣΙΛΙΣΣΗΣ. La corne Amalthée. *Aur. Max. Mod.*

La tête de Cléopatre. - B. K. ΤΑΡΣΕΩΝ. Un cavalier mene par la bride un cheval de main. Æ. 111.

De Syrie. ΣΕΛΕΥΚΟΣ ΝΕΙΚ. ...La tête de Seleucus ornée d'un diadême. - ΔΙΟΚΑΙΣΑΡΕΩΝ. Un Temple dont le frontispice est orné de six colonnes. Æ. 1.

La tête d'Antiochus Epiphane. - ΒΑΣΙΛΕΩΣ ΑΝΤΙΟΧΟΥ. La tête d'un belier. Æ. 111.

De Pæonie. La tête de Pallas. - ΑΥΔΩΛΕΟΝΤΟΣ. Un cheval. *Arg.*

De Cappadoce. La tête d'Archelaus. ΒΑΣΙΛΕΩΣ ΑΡΧΕΛΑΟΥ ΦΙΛΟΠΑΤΟΡΟΣ ΤΟΥ ΚΤΙΣΤΟΥ Μ. Β. La massuë d'Hercule. *Arg.*

Du Bosphore. La tête d'Asandre. - ΒΑΣΙΛΕΩΣ ΑΣΑΝΔΡΟΥ ΚΓ. Une Victoire sur la prouë d'un vaisseau. *Aur.*

De Mauritanie. REX IVBA. La tête de Juba le jeune. - ΒΑCΙΛΙC ΚΛΕΟΠΑΤ. Une fleur de Lotus. Æ. 1.

REX PTOLEMAEVS. La tête de Ptolemée. - Une corne d'abondance & un thyrse en sautoir. *Arg.*

De Commagene. Epiphane & Callinicus à cheval. - ΒΑΣΙΛΕΩΣ ΑΝΤΙΟΚΟΥ. La tête d'un belier. Æ. 11.

ΒΑΣΙΛΙΣΣΑ ΙΟΤΑΠΗ ΦΙΛΑΔ....La tête de Jotape. ΚΟΜΜΑΓΗΝΩΝ. Un scorpion au milieu d'une couronne de laurier. Æ. 11.

De Bithynie. La tête d'Apollon. - ΒΑΣΙΛΕΩΣ ΠΡΟΥΣΙΟΥ. Le type de la Victoire. Æ. 1.

De Carie. Les Médailles de Mausole , d'Idrie & de Pixodare.

Des Sarmates. ΒΑCΙΛΕΩC ΕΥΠΑΤΟΡΟC. La tête d'Eupator, ΓΝΥ, l'an 453. *Aur.*

De l'Iturée & de la Trachonitide. ΦΙΛΙΠΠΟΥ ΤΕΤΡΑΡ-ΧΟΥ. Un Temple avec un frontifpice de quatre colonnes ; au milieu, L. ΚΣ. l'an 26. - ΚΑΙΣΑΡΙ ΣΕΒΑ. La tête d'Augufte. Æ. 111.

De Judée, ΗΡΩΔΗΣ ΤΕΤΡΑΡΧΗΣ. Une palme, dans le champ, L ΜΓ l'an 43. - ΓΑΙΩ ΚΑΙΣΑ ΓΕΡΜ ΣΕΒ. dans une couronne de laurier. Æ. 111.

Des Parthes. La tête de Vologefe I. - La tête d'un Génie, voilée & tourelée, avec l'époque ΑΛΤ. l'an 331. Æ. 111.

La tête de Chofroés, frere de Pacore. ΗΟΤ, l'an 378. - Un autel. Æ. 111.

Un grand nombre de Peuples & de Villes avoient le privilege de faire battre monnoye en leur propre & privé nom. Dans ce genre de Médailles tout eft inftructif. On y voit les Fondateurs des villes, leur Génie Tutelaire, leurs Heros, les Divinitez qu'elles adoroient, les grands hommes qu'elles ont produit, les Magiftrats qui les gouvernoient, leurs prérogatives, leurs alliances, leurs éres particulieres, les fymboles qui les caractérifoient, la fertilité, les avantages de leur terroir, les fleuves qui les arrofoient &c. Ces Médailles confidérables par le choix, la fuite & le nombre, font d'ailleurs très-curieufes par les noms de plufieurs villes, & par des fingularités peu connuës, ou même ignorées jufqu'à prefent.

D'Abydus dans l'Hellefpont. La tête d'Hero. - ΑΒΥδηνῶν. Leandre nud eft affis fur un écuëil. Æ. 11.

D'Adramyttium en Myfie. La tête d'Adramytte. - ΑΔΡΑΜΥΤΤΗΝΩΝ. Un cavalier. Æ. 111.

D'Aega en Macedoine. La tête de Jupiter. - ΑΙΓΕΑΙΩΝ. Pallas avec fes attributs. Æ. 11.

D'Azanium en Phrygie. ΘΕΑ ΡΩΜΗ. La tête du Génie de Rome. - ΑΙΖΑΝΕΙΤΩΝ. Euphorbe debout, le pied gauche fur la proue d'un vaifleau : de la main gauche il porte un renard. Æ. 11.

D'Aena dans la Thrace. La tête d'Enée, - ΑΙΝΙΩΝ. Un caducée & une Urne. Æ. 111,

D'A.

D'Alyatte en Bithynie. La tête d'Alyatte couverte d'un casque. - ΑΛΥΑΤΤΗΝΩΝ. Une lyre. Æ. III.

D'Amanum en Cilicie. La tête de Jupiter. - ΑΜΑΝΙΤῶν. ΔΙΟ. L. A. Mercure tient une bourse & un caducée. Æ. III.

D'Amaſtris en Paphlagonie. ΖΕΥC CTPATHΓOC La tête de Jupiter General de l'armée. - ΑΜΑCΤΡΙΑΝΩΝ. Une aigle éployée porte la foudre dans ſes ſerres. Æ. III.

D'Amphicée en Phocide. La tête d'une femme. - ΑΜΦΙ-ΚΑΙέων., au milieu d'une couronne de laurier. Æ. II.

D'Andanie dans la Meſſenie. ΙΕΡΟC ΔΗΜΟC. La tête d'un Génie couronnée de laurier. - ΑΝΔΑΝΕΙΤΩΝ. Jupiter debout, avec une aigle ſur la main droite. Æ. II.

Des Aoniens dans la Bœotie. La tête d'Apollon. - ΑΟΝίων. Un ſanglier. *Arg.*

D'Apollonie en Piſidie. ΙΕΡΑ CΥΝΚΛΗΤΟC. La tête d'un Génie. - ΑΠΟΛΛΩΝΙΔΕΩΝ. La tête d'un jeune homme. Æ. III.

D'Apollonie dans le Pont. La tête d'Apollon couronnée de laurier. - ΑΠΟΛΛΟΝΙΔ ΠΟΝΤΟΥ ΚΟΡΣ. Deux torches. Æ. III.

Des Arcadiens. La tête de Pan. - ΑΡΚΑΔΟΝ. Minerve debout. *Arg. Max. Mod.*

D'Arpaſa en Carie. ΙΕΡΑ CΥΝΚΛΗΤΟC. La tête d'un Genie. ΑΡΠΑCΗΝΩΝ. Une femme debout, avec une haſte à la main. Æ. III.

D'Aricande en Lycie. Une tête de femme couronnée. - ΑΡΙ κανδέον. Une aigle. Æ. III.

D'Aphrodiſias en Cilicie. ΔΗΜΟC. La tête d'un Genie. - ΑΦΡΟΔΙCΙ ΑΤΤΑΛΗΑ. Une branche de palmier dans une urne, ſur laquelle on lit ΓΟΡΔΙΑΝΗΑ. Æ. II.

De Bagé en Lydie. ΔΗΜΟC ΒΑΓΗΝΩΝ. La tête d'un Genie. - ΕΠΙ,,,,,ΟΥ ΑΡΧ ΒΑΓΗΝΩΝ. Jupiter debout. Æ. II.

De Bargafe en Cilicie. ΔΗΜΟϹ. Une tête couronnée de laurier. - ΒΑΡΓΑϹϹΗΝΩΝ. La Fortune debout ; de la droite elle tient la corne Amalthée ; de la gauche, le timon d'un vaiſſeau. Æ. III.

De Bari dans la Poüille. La tête de Jupiter avec une étoile. ΒΑΡΙΝΩΝ. Un Amour aîlé, aſſis ſur un vaiſſeau ; il décoche une fleche avec ſon arc. Æ. III.

Des Boeotiens. La tête d'un beuf. - ΒΟΙΩΤΩΝ. La tête d'Arné. *Arg.*

De Decelia dans l'Attique. La tête de Decelus couverte d'un caſque. - ΔΕϰελίϵον. Un caducée. Æ. III.

De Dionyſopolis en Phrygie. La tête de Bacchus, couronnée de pampres, avec un thyrſe ſur l'épaule. - ΔΙΟΝΥϹΟΠΟΛ. Une Bacchante debout, un raiſin à la main droite, un thyrſe à la gauche ; à ſes piés, une panthere. Æ. II.

De Dioshieron en Ionie. ΔΗΜΟϹ. La tête d'un homme âgé, ſans couronne. - ΔΙΟϹΙΕΡΕΙΤΩΝ. Æſculape avec ſes attributs. Æ. III.

De Doron en Phœnicie. La tête de Dorus, fils de Neptune. ΔΩΡΙΗΤΩΝ. L PKH. L'an 128. Une femme avec une couronne tourelée ; elle tient de la main droite un guidon ; de la gauche une corne d'abondance. Æ. II.

D'Emporie en Eſpagne. EMPORIA. La tête de Diane avec un arc & un carquois. - MVNICI. Le Pegaſe. Æ. II.

D'Epiphanée en Cilicie. La tête d'Apollon. - ΕΠΙΦΑΝΗϹ. Un cavalier. Æ. III.

D'Hermocapelie en Lydie. ΙΕΡΑ ϹΥΝΚΛΗΤΟϹ. Une tête de femme. - ΘΕΑ ΡΩ ΕΡΜΟΚΑΠΗλίτῶν. La tête de Rome, couverte d'un caſque. Æ. III.

De Gaziura dans le Pont. La tête de Jupiter. - ΓΑΖΙΟΥΡΩΝ. Une aigle poſée ſur la foudre. Æ. I.

D'Heraclée en Phœnicie. La tête d'Hercule le Tyrien. ΗΡΑΚΛΕΙτῶν La tête d'Aſtarte. *Arg.*

D'Heraclée en Carie. ΗΡΑΚΛΕΑ. Une tête de femme avec une couronne tourelée, le fceptre à la main gauche. ‑ ΗΡΑ‑ΚΛΕΩΤΩΝ. Hercule debout ; de la droite il tient un raifin ; de la gauche, fa maffuë, & la dépoüille du Lion de Nemée. Æ. 111.

De Thyatire en Lydie. Une tête de femme. ‑ ΘΥΑΤΗ‑ΡΕΙΝΩΝ. Une hache. Æ. 111.

D'Idalium en Chypre. ΣΩΣ ΑΡΧ. La tête de Pallas couverte d'un cafque ; dans le champ, une corne d'abondance. ‑ ΙΔΑΛΙΩΝ. Apollon eft affis, la lyre à la main. *Arg. Max. Mod.*

D'Ius ou d'Io, une des Cyclades. La tête d'Amphitrite. ‑ ΙΗτῶν. Neptune fur un char, traîné par quatre chevaux marins. Æ. 111.

D'Ilipa en Efpagne. Un epict. ‑ ILIPENSS. Un poiffon & un croiffant. Æ. 1.

De Céfarée en Bithynie. La tête d'un Genie, voilée & tourelée. ‑ ΚΑΙCΑΡΕΩΝ. Une colonne. Æ. 111.

De Celenderis en Cilicie. ΚΕΛΕΝ δειτῶν. Sandocus, petit-fils de Phaeton, affis fur un cheval. ‑ Un bouc broutant du feuillage. *Arg. Max. Mod.*

De Cnide en Carie. La tête de Venus. ΚΝΙ διωι ΑΥΤΟ‑ΚΡΑΤΗ. La tête d'un lion. *Arg.*

De Colophone en Ionie. La tête d'Apollon Clarien. ‑ ΚΟΛΟ‑ΦΩΝΙΩΝ. Un cheval. Æ. 11.

De la Commagene en Syrie. Un Capricorne. ‑ ΚΟΜΜΑ‑ΓΕΝΩΝ. Un carquois. Æ. 111.

De Cotyœium en Phrygie. ΔΗΜΟC. La tête d'un Genie, fans ornement. ‑ ΕΠ ΜΟΥ ΚΥΔΡΑΤΟΥ ΝΕΩ ΑΡ ΚΟ‑ΤΙΑΕΩΝ. Jupiter affis, une patere à la main. Æ. 11.

Deux têtes d'enfans, fur deux cornes d'abondance pofées en fautoir, avec un caducée au milieu. ‑ ΛΑΚΑΝΑΤΩΝ. Un carquois, dans une couronne de laurier. Æ. 11. Je ne fache pas que les Auteurs ayent parlé de cette ville.

De Lacedémone dans le Peloponése. Les têtes accolées de Castor & de Pollux. - ΛΛκεδαιμονιον ΑΡΙΣΤΟΚΡΑΤΗΣ - au milieu d'une couronne de laurier. Æ. I I.

De Melos, une des isles Cyclades. ΜΗΛΙΩΝ. La tête de Pallas. - ΕΠΙ ΤΙ ΠΑΝΚΛΕΟC ΤΟ Γ. - au milieu d'une couronne de laurier. Æ. I I I.

De Myrine en Æolide. Neptune monté sur un dauphin, le trident à la main. - ΜΥΡΙΝαίων. Myrinus à cheval. *Arg. Max.*

De Mytilene dans l'isle de Lesbos. ΗΡΩΙΔΑ ΝΑΥCΙΚΑΑΝ. La tête de l'héroïne Nausicaá. - ΕΠΙ CΤΡΑ ΙΕΡΟΙΤ ΜΥΤΙΛ. Sapho assise, la lyre à la main. Æ. I I I.

De Nicopolis en Epire. ΝΙΚΟΠΟΛΕΩC. La tête d'un Genie, couverte d'une couronne tourelée. - ΙΕΡΑC. Une table Æ. I I I.

De Nysa en Carie. La tête du Dieu Lunus avec ses attributs. - ΝΥCΑΕΩΝ. - au milieu d'une couronne. Æ. I I I.

D'Orthosie en Carie. Un tigre ; il porte sur l'épaule un thirse qu'il tient dans sa pate. - ΟΡΘΩCΙΕΩΝ. La tête de Bacchus couronnée de pampres. Æ. I I I.

De Pergame en Mysie. ΧΟΡΟ. La tête de Pallas couverte d'un casque. - ΠΕΡΓΑΜΙΝΩΝ (*sic*). Le type de la Victoire. Æ. I I.

De Priene en Ionie. La tête de Venus. - ΠΡΙΑΝΕΩΝ. Un palmier. *Arg.*

La tête d'un lion. - RECI, au milieu d'une couronne. *Arg.* Je ne sai de quelle ville est cette Medaille.

De Samosate dans la Commagene. La tête de Jupiter. - CA. ΜΟCΑΤΗC. Un lion. Æ. I I I.

De Seleucie en Syrie. ΕΠΙ ΚΟΜΟΔΟΥ ΗΠΡ. L'an 188. La tête d'un Genie, voilée & tourelée. - ΣΕΛΕΥΚΕΩΝ ΤΗΣ ΙΕΡΑΣ ΚΑΙ ΑΥΤΟΝΟΜΟΥ. La foudre sur un Autel. Æ. I I I.

De Sinope dans le Pont. La tête de Macritius. - ΣΙΝΩΠΗ. Un carquois. Æ. I I.

De

De Smyrne en Ionie. ΟΠΛΟΦΥΛΑΞ. La tête d'Hercule. CΜΥΡΝΑΙΩΝ. Le fleuve Mélés couché. Æ. 111.

De Solus en Cilicie. La tête du Soleil. - ΣΟΛΕΩΝ. Pallas affise, avec un cafque fur la tête ; de la droite elle porte l'image de la Victoire. Æ. 11.

La tête de Mercure, couverte de fa barrette aîlée, le caducée fur l'épaule. - ΣΥΒΡΙΤΙΩΝ. Un poiffon. Cette ville ne m'eft pas connuë.

De Termeffe en Pifidie. ΤΕΡΜΗCCΕΩΝ. La tête de Jupiter. - ΑΥΤΟΝΟΜΟΝ. La Fortune avec fes attributs. Æ. 1.

De Tripoli de Lydie. ΙΕΡΑ ΒΟΥΛΗ. La tête d'un Genie, voilée. - ΤΡΙΠΟΛΕΙΤΩΝ. Un Temple orné de quatre colonnes ; au milieu, une femme debout : de la main droite elle porte un cabyre ; de la gauche, une corne d'abondance.

De Turiafo en Efpagne. SILBIS. Une tête couronnée de laurier. - TVRIASO. Un cavalier. Æ. 11.

De Tyr en Phenicie. ΤΥΡΟΥ ΜΗΤΡΟΠΟΛΕΩC. La tête d'Hercule. - ΚΟΙΝΟΝ ΦΟΙΝΙΚΗC. Un Temple orné de fix colonnes : à l'exergue ΔΚC. L'an 224. Æ. 11.

D'Hybla en Sicile. La tête de Proferpine, voilée & chargée d'une corbeille. ΥΒΛΑ ΜΕΓΑΛΑ. Diane avec un chien. Æ. 111.

De Phafelis en Pamphilie. Une femme nuë, affife fur un vaiffeau. - ΦΑΣΗλιτῶν. La prouë d'un navire. *Arg. Max. Mod.*

De Philadelphie en Syrie. φΙΛαδελφέων ΚΟΙλης ΣΥΡίας. Le bufte de Cerés, couronné d'epics, avec deux autres epics à la main. - ΕΤΟΥC ΖΚC. L'an 227. Une corbeille pleine d'epics & de pavots. Æ. 111.

De Cherronefe en Crete. ΧΕΡ. Un griphon. - ΕΥΔΡΟΜΟ. Diane, le carquois fur l'épaule, un genou en terre, & un arc à la main gauche. Æ. 111.

De Chio, ifle de l'Ionie. ΧΙΩΝ. Le fpinx. - La lettre X au milieu de la Médaille, ΜΗΝΑ dans le champ, ΑCCΑΠΙΟΝ dans le contour. Æ. 111.

C

Aux Médailles de Villes succedent les Consulaires : elles vont au-delà de 900. Vous aimez, Mylord, celles qui ont échapé à la curiosité de nos plus habiles Antiquaires. Dans la suite des Familles Romaines de M. Le Bret, on en trouve plusieurs que l'on chercheroit en vain chez Mrs Patin, Vaillant & Morel.

Aburia. La tête de Rome. - A B Rome, avec ses attributs, met une couronne sur la tête de Jupiter Capitolin. *Arg.*

Atilia. La tête d'Atilius. -M ATIA.... Une panthere. Æ. 11.

Aurelia. La tête de Janus.-AVR. ROMA. La prouë d'un vaisseau. Æ. 1.

Axsia. La tête de Janus. - AX. ROMA. La prouë d'un vaisseau. Æ. 1.

Carisia. MONETA. La tête de Junon, Déesse de la Monnoye. - T CARISIVS IMP CAES TRAIAN AVG GER DAC PP REST. Une enclume surmontée d'un bonnet ; des tenailles, un marteau au milieu d'une couronne de laurier. *Arg.*

Didia. P FONTEIVS CAPITO III-VIR. La tête de la Liberté, sans voile. - T DIDI IMP VIL PVB. Un Edifice. *Arg.*

Flaminia. FLAMIN C.....La tête de Neptune avec son trident sur l'épaule. -PERT..... La tête du Soleil. Æ. 111.

Julia. La Victoire avec ses attributs, sur la prouë d'un vaisseau. -IMP CAESAR. César sur un char de triomphe. *Arg.*

La tête de Venus. - CAESAR DIVI F. Auguste debout, une palme à la main gauche.

Junia. TI CAESAR AVGVST F IMPERA PP. La tête de Tibere. - PERM SIL. Deux aigles de Legion. Æ. 11.

Lollia. La tête d'Apollon. -ΛΟΛΛΙΟΥ. Un chameau. Æ. 11.

Marcia La tête de Janus. - L MAR ROMA. La prouë d'un vaisseau. Æ. 1.

Pupia. ANTICTPA. Un belier; dans le champ de la Médaille l'époque Γ. -ΠΟΥΠΙΟΣ. ΡΟΥΦ.....Une table &c. Æ. I I I.

Quinctilia. P. QVINCTIL VARI ACHVLLA. La tête de Quinctilius fans ornement. - AVG PON MAX C L. La tête d'Augufte entre celles de Caïus & de Lucius. Æ. I.

Rabiria. ΧΙΩΝ. Le Spincx. - ΡΑΒΙΡΙΟΣ. Une urne. Æ. I I I.

Sentia. La tête de Janus. - SAT ROMA. La prouë d'un vaiffeau. Æ. I.

Seftia. L SESTI PROQ. La tête de la Liberté couverte d'un voile. - Q CAEPIO BRVTVS PROCOS. La Victoire avec fes attributs. *Arg*.

Valeria. La tête de Janus. - VAL ROMA. La prouë d'un vaiffeau. Æ. I.

Volufia. L VOLVSIVS SATVR ACHVL. La tête de Volufius fans ornement. - AVG PONT MAX. C. L. La tête d'Augufte entre celles de Caïus & de Lucius. Æ. I.

Les Médailles Imperiales forment differentes claffes , qui font diftinguées par les métaux , les modules & les langues. Dans la fuite d'or , on admire moins le nombre (*) que la rareté. Caefonia s'y fait voir , elle a pour revers la tête & l'infcription de Caïus Céfar Augufte. Plufieurs Antiquaires l'ont jugée antique. Vitellius au revers de fes deux enfans ; Vefpafien reftitué par Trajan ; un Médaillon de Nerva , au revers de COS III. la Concorde eft affife, la patere à la main droite , une hafte à la gauche. Trajan au revers de DIVVS PATER TRAIANVS, la tête de Trajan pere de l'Empereur ; un Médaillon d'Antinous. D'un côté , la tête de ce favori , avec un caducée fur l'épaule : de l'autre , Hadrien donne la main à Antinous : à leurs piés , une femme eft affife à terre : Sept. Severe avec les têtes de fes enfans , & la legende AETERNIT IMPERI. Antonin fils de Soæmias, au revers de CONSERVATOR AVG. Une pierre , où le Dieu Elagabale eft fur un quadrige.

(*) Il y en a 370.

Quelques Médaillons d'argent me difpenferont d'entrer dans le détail de ce que renferme de curieux la fuite de ce métail.

IMP CAESAR. La tête d'Augufte, AVGVSTVS. Un autel orné de feftons.

NEP.......ΣAΡOΣ ΣEB. La tête de Neron. ‑ AΓΡIΠ‑ ΠEINHΣ ΣEBAΣTHΣ, dans le champ, ΓEΡ. La tête d'Agrippine.

DOMITIA AVGVSTA. La tête de Domitia. ‑IMP. CAESAR DOMITIAN AVG P M COS VIII. La tête de Domitien.

HADRIANVS AVGVSTVS PP. La tête d'Hadrien. COS III. Jupiter Philalethe debout; fur un autre, Rome eft affife fur une cuiraffe; un troifiéme repréfente l'Empereur avec l'image de la Victoire à la main; un quatriéme, Hygée affife.

CEBACTH AΔΡI TAΡC MHTΡOΠOΛEΩC; dans le champ, AΥ. La tête de Sabine. ‑ AΥT KAI ΘE TΡA ΠAΡ ΥI ΘE NEΡ ΥI TΡAI AΔΡIANOC CEB ΠΠ. La tête d'Hadrien avec une couronne radiale.

Cent quatre‑vingt Médaillons de bronze compofent une fuite, que celle de Mylord Duc de Devonshire, la plus riche qui foit en Angleterre, ne furpaffe pas. La plûpart de ces Médaillons, avec le merité de la fleur du coin, ont encore celui de la fingularité.

Domitien. ‑ Le Prince fur un char traîné par deux Cen‑ taures.

Trajan. L I B. Un bâtiment carré, flanqué de deux tours. Sur ce bâtiment Jupiter eft debout, la main droite pendante, la gauche appuyée fur une hafte. Les deux tours portent une poutre tranfverfale, au milieu de laquelle une aigle eft pofée.

Antonin Pie. ‑ EΠI CTΡ.....ΓOΥ EΡMAΓOΡOΥ φΩ‑ KAIEΩN. Neptune & Pallas debout.

Fauftine. ‑ fans infcription. Proferpine eft affife; de la main gauche elle s'appuye fur une hafte; à fes piés une corbeille pleine d'epics & de pavots.

M.

M. Aurele. ‑ IMP VIII COS III. Une Victoire est assise sur des dépoüilles : elle écrit sur un bouclier VIC AVG.

ΧΩΡΗ CΩΤΕΙΡΑ ΚΥΖΙΚΗΝΩΝ. La tête de Faustine avec une couronne d'epics. ‑ ΚΥΖΙΚΗΝΩΝ ΝΕΩΚΟΡΩΝ. Un autel rond, percé d'une porte. Sur l'autel, trois Prétresses de Cérés sont debout : elles ont chacune à la main deux torches. De chaque côté de l'autel, une grande torche autour de laquelle un serpent est entortillé.

ΑΥ ΚΑΙ Λ CΕΠΤ CΕΥΗΡΟC ΑΥ Κ Μ ΑΥ ΑΝΤΩ‑ ΝΙΝΟC. Les têtes de Severe & d'Antonin son fils. ΓΕΡΜΗΝΩΝ. Un Genie debout met une couronne sur la tête de Severe, qui est assis ; Apollon se tient debout devant lui.

Domna. ‑ FECVNDITAS AVG. Julie assise, donne à téter à un enfant ; un autre un peu plus grand se tient debout devant elle.

Antonin fils de Severe. ‑ ΠΕΡΓΑΙΩΝ. Diane dans un temple orné de deux colonnes ; à ses côtés, les lignes du Soleil & de la Lune ; au bas du temple, deux gryphons, chacun sur une base ; sur le faîte du temple une aigle éployée.

Antonin fils de Socemias. ‑ P M TR P III COS PP. Le Prince sur un char traîné par quatre chevaux ; une étoile dans le champ.

Sev. Alexandre. ‑ ΕΠΙ CΤΡ ΑΥΡ ΚΕΝΤΑΥΡΟΥ ΔΙC ΘΥΑΤΕΙΡΗΝΩΝ. L'image du Soleil posée sur l'Iris ; de la gauche il soûtient un globe, il tient la droite étenduë ; sous l'Iris un lion saillant de la gauche à la droite : à ses côtés deux autres lions contresaillans ; sous les pates de devant de ces deux lions, on remarque une tête de bœuf, avec une étoile dans un croissant.

Gordien Pie. ‑ΕΠΙ C ΙΟΥΛ ΛΟΓΙCΜΟΥ ΠΕΡΓΑ‑ ΜΗΝΟΝ Κ ΝΕΙΚΟΜΗΔΕΩΝ Γ ΝΕΩΚΟΡΩΝ ΟΜΟ‑ ΜΟΙΑ. Esculape & Hygée sur une galere.

D

CONCORDIA AVGVSTORVM. La tête de Philippe le pere en regard avec celles de Philippe son fils & d'Otacile. SAECVLARES AVGG. Un grand arbre au milieu d'un cirque.

Philippe fils. - CAΘ ΑΡΧΙΜΗΔΟΥC ΘΥΑΤΕΙΡΗΝΩΝ K CΜΥΡΝΑΙΩΝ ΟΜΟΝΟΙΑ. Une Amazone & un Genie se donnent la main.

Hostilien -VICTORIA AVGG. La Victoire avec ses attributs.

Valerien. - ΕΠΙ CTP BAΛ ΑΡΙCΤΟΜΑΧΟΥ ΜΥΤΙΛΗΝΑΙΩΝ. Diane sur un char attelé de deux cerfs.

Gallien. - ΕΠΙ CΕΞ ΚΑ CΕΙΛΙΑΝΟΥ ΠΕΡΓΑΜΗΝΩΝ ΚΑΙ ΕΦΕCΙΩΝ ΟΜΟΝΟΙΑ. Esculape & Diane d'Ephese.

Ne croyez pas, Mylord, que les Médaillons que je viens de rapporter soient les seuls de cette suite, qui meritent votre attention ; il y en a plusieurs autres, dont vous ne seriez pas moins satisfait. Tel est, par exemple, Tibere, au revers d'un quadrige. DECVRSIO & MAC AVG. dans Neron. VENVS dans Lucille. CONSECRATIO avec un bucher dans Pertinax. PRINCIPI IVVENTVTS de Diadumene. Les têtes & les noms d'Alexandre & Barbe Orbiane, au revers de CONCORDIA AVGVSTORVM, le Prince & la Princesse se donnent la main. Balbin, Grec de Tarse, avec les trois Graces. ARNASI dans Trebonien. IOVI CONSERVATORI dans Macrien. ADLOCVTIO AVG. dans Numerien. PAX AVGVSTA dans Carausius, & plusieurs autres aussi rares que M. Le Bret vient d'acquerir tout nouvellement.

Quelques Médailles vous feront juger de la beauté du grand bronze.

DIVI IVLI. La tête de Jules-César.- L 5. Auguste sur un char de triomphe traîné par quatre elephans.

M. ANT IMP COS DESIG ITER ET TERT III-VIR RPC. Les têtes accolées de Marc-Antoine & d'Octave César, en regard avec celle de Cleopatre. M OPPIVS CAPI-TO PROPR PRAEF CL FC. Une galére, dans le champ, Γ.

Auguste. CVSTOS AETERNIT AVG. Un Temple.

Ti. Claude. ΡΕΡΙΝΘΙΩΝ ΘΕΟΝ ΣΕΒΑΣΤΟΝ. Auguste est assis ; de la main gauche il porte un sceptre.

Neron. ΡΟΔΙΩΝ. La Victoire avec ses attributs ; à ses piés une rose.

Othon. L A. La tête de la Victoire avec des aîles aux épaules.

Titus. ΖΕΥΣ ΚΡΗΤΑΓΕΝΗΣ. Jupiter lance la foudre ; il est environné de sept étoiles.

Trajan. ΔΗΜΑΡΧ ΕΞ ΥΠΑΤΟ ς ΚΟΙΝΟΝ ΚΡΗΤΩΝ. Jupiter debout.

Hadrien. ΚΟΡΑΚΗCΙΩΤΩΝ. Jupiter assis, une coupe à la main droite, une pique à la gauche ; à ses piés une aigle.
—— ΚΑΙΤΗΝΩΝ. Pallas debout ; de la droite elle porte un capricorne.

Antonin Pie. ΜΕΝΕΛΑΕΙΤΩΝ L. H. Un monstre ; la partie supérieure de son corps représente une belle femme ; depuis la ceinture en bas, il a la figure d'un crocodile avec quatre pates.

—— L. H. Trois cercles ; dans le premier, les douze signes du Zodiaque ; dans le second, les têtes des sept Planetes ; dans le troisiéme, & au centre de la Médaille, la tête de Serapis.

Sur neuf autres Médailles du même Prince, on voit autant de signes du Zodiaque, le Belier, le Taureau, l'Ecrevisse, le Lion, la Vierge, le Scorpion, le Sagittaire, le Capricorne, le Verseau.

M. Aurele. ΝΥΚΑΕΩΝ. Le Prince debout, le bras gauche chargé des dépoüilles d'un Lion ; de la droite, il couronne un trophée ; à fes piés, un captif.

Fauftine. L. K. Le Nil couché ; à fes côtés, un crocodile.

Verus. L. Z. Une aigle éployée fur un autel, entre deux fignes militaires.

Lucille. L. H. La Fortune couchée fur un lit de repos.

Commode. ϹΤΡ ϹΕΙΓΗΡΟΥ ΑΡΤΕΜΗΔΩΡΟΥ ΑΤ-ΤΑΛΕΑΤΩΝ. Jupiter debout, une patere à la main.

Sept. Severe. ΑΡΧ ϹΤΡΑΤΟΚΛΕΟΥϹ ΑΛΙΚΑΡΝΑϹ-ϹΕΩΝ. Jupiter raïonnant de gloire, eft debout entre deux arbres, fur chacun defquels on voit une colombe.

Antonin, fils de Severe. ΕΠΙ Γ ΦΙΛΟΜΕΝΟΥ Β ΜΑ-ΓΝΗΤΩΝ. Diane d'Ephefe au milieu d'un temple, dont le frontifpice eft orné de quatre colonnes.

Geta. ϹΙΔΗΤΩΝ. Un fleuve couché.

Macrin. ROMAE FEL. La louve avec Remus & Romulus.
— ϹΕΛΕΥΚΕΩΝ ΤΩΝ ΠΡΟϹ ΤΩ ΚΑΛΥΚΑΔΝΩ. Un Génie met une couronne fur la tête de la Fortune.

Diadumene. COL IVL AVG FEL BER. Aftarte dans un fuperbe temple, &c.

Antonin, fils de Socemias. AVR PIA SID COL ME-TROP. Le char d'Aftarte.

Annie Fauftine. ΤΑΡϹΟΥ ΜΗΤΡΟΠΟΛΕΩϹ ΑΜΚ ΓΒ. Bacchus appuyé fur fon thyrfe ; à fes piés une panthere.

Sev. Alexandre. ΑΝΕΜΟΥΡΙΕΩΝ Ε ΙΓ. Diane Alphée entourée de feftons, & couverte d'un grand voile ; de la gauche il tient une hache ; à fes piés eft un cerf.

— ΕΠΙ

—ΕΠΙ Μ ΙΟΥ ΠΑΥΛΕΙΝΟΥ ΦΙΛΟΜΗΛΕΩΝ. Un Cavalier courant, prêt à lancer un trait.

Mamée. L. I. Le Nil couché fur un hippopotame qui marche.

Maximin. ΚΟΡΟΠΙCCΕΩΝ ΕΠΙ ΤΟΝ ΜΗΤΡΟΠΟΛ. Hercule & Apollon Pœonien debout.

— ΟΡΘΟCΕΩΝ. Caftor & Pollux tiennent chacun leur cheval par la bride.

Gordien Pie. ΙΛΩΕΩΝ. Un cavalier courant ; fous les piés du cheval un ferpent.

—COLONIA CAESAR ANTIOCHIA dans le contour ; ANTIOC au haut du champ ; au bas COLONI ; au milieu S R.

ΣΜΥΡΝΑΙΩΝ ΠΡΟΤΩΝ ΑCΙΑC. Le bufte de Tranquilline voilée ; de la main droite elle tient deux epics ; de la gauche, une corne d'abondance. ΕΠΙ C Μ ΑΥΡ ΤΕΡΤΙΟΥ ΑCΙΑΡΧΟΥ. Une Amazone debout, avec une hache & un bouclier.

Philippe, pere. ΚΟΡΥΚΙΩΤΩΝ ΑΥΤΟΝΟΜ. La Liberté debout.

Otacile. ΑΠΗΝΗ. ΙΕΡ ΕΦΕCΙΩΝ. Un char couvert traîné par deux mules.

—COL BER. Un temple orné de fix colonnes : au milieu la Victoire met une couronne fur le tête de la Fortune ; dans l'exergue un fleuve couché s'appuye fur une urne renverfée.

Trebonien. COL ΤΥΡΟ ΜΕΤΡΟ. Didon debout éleve la main vers un temple.

Valerien. ΕΙΡΗΝΟΠΟΛΙΤΩΝ ΕΤ Η. Efculape & Hygéé.

—ΚΟΛΥΒΡΑCCΕΩΝ. Pallas debout, une patere à la main gauche ; de la droite elle s'appuye fur une hafte.

E

Gallien. ΑΦΡΟΔΕΙCΙΕΩN. Venus dans un temple dont le frontispice est orné de quatre colonnes.

Salonine. COL TYPO METRO. ACTIA HERACLIA. Deux urnes sur une table.

— CYEΔPEΩN. Une urne ; au bas ΓΥΜΝΑCΤΑΡΧΙΑ.

Valerien le jeune. CΙΔΗΤΩN ΝΕΩΚΟΡΩN. La Fortune avec ses attributs.

TARCOΥ ΜΗΤΡΟΠΟΛ......Les trois Graces debout.

Claude le Gothique. ΠΡΟCΤΑΜΙΕΩN. Mars, le casque en tête ; il tient de la main droite une massuë, de la gauche un sponton & un bouclier.

— CΑΓΑΛΑCCΕΩN ΚΕCΤΡΟC. Un fleuve couché & appuyé sur une urne renversée.

Les diverses suites de moïen bronze ne sont pas moins curieuses ; elles ont chacune des beautés qu'il n'est pas ordinaire de trouver chez les amateurs.

DIVOS IVLIVS......II VIR CICFS. La tête de Jules couronnée de laurier. ═AVGVSTVS DIVI F....La tête d'Auguste sans ornement.

M ΑΝΤΟΝ ΤΟΥ......La tête de M. Antoine, avec un caducée. ΑΡΧΙΕΡΕΩ ΤΟΠΑΡΧΟΥ ΚΕΝΝΑΤΩN ΛΑΛΑΣ ET B. La Foudre.

La tête de M. Antoine, sans Inscription. ΘΑΛΑΝΕΩN. M. Antoine sur un char de triomphe.

ΠΑΤΗΡ ΠΑΤΡΙΔΟΣ. La tête d'Auguste. ΣΕΒΑΣΤΟΣ. Un Capricorne.

Ti. Claude. ΔΡΟΥ ΚΛΑΥΔΙ.....ΑΝΤΩΝΙΑ. Les têtes en regard de Drusus & d'Antonia.

Neron. ΣΕΒΑΣΤΟΦΟΡΟΣ. Un Vaisseau à la voile.

Poppée. L.....La tête d'Isis.

Othon. L A. La tête de Serapis.

— L A. La tête d'Ifis.

Domitien. I M P X X I I C O S X V I I. dans le contour ; A V-
G V S T V S à l'exergue ; dans le champ, un capricorne.

Trajan. T I B E P I E Ω N T Ω N K A A Y Δ I E Ω N E T A Π.
La Fortune tenant un timon de la main droite , & de la gauche une corne d'abondance.

Hadrien. D I V O S C L A V D I V S C O L C L P T O L. Un
Prêtre conduit une charruë.

Antonin Pie. C A O Y A T P E Ω N. La Fortune affife avec fes
attributs.

— S E C S A E C C O L B E R. Neptune debout , de la droite
il porte un dauphin , de la gauche il s'appuye fur fon trident.

Fauftine. K O I N Π O N E O K A I C M H T P O. Un autel au
milieu d'un temple orné de quatre colonnes ; à l'exergue E T
P M B. l'an 142.

M. Aurele. C E A B I Λ H N Ω N I A A C Y K O I C Y. Hercule
affis fur un rocher ; à l'exergue , Λ C. l'an 230.

D I V O M A R A N T O N I N O. La tête de M. Aurele avec une
couronne radiale. — D I V O A V G P A R E N T I. Une ftatuë
équeftre.

Fauftine la jeune. L E N Δ E K A T O Y. Fauftine debout porte
de la main droite une couronne , un fceptre de la gauche.

Commode. Θ E Λ Π O Y C I Ω N. Bacchus avec fon Thyrfe.
— G E N C O L A V G T R O A. Un Genie debout ; de la droite
il porte l'image de la Victoire.

Pefcennius. C O L I V L . . . . B E R. Arftarte dans un Temple
orné de fix colonnes.

Sept. Severe. N E I K O Π O Λ E I T Ω N. Cerés affife avec des
épics à la main.

C L I COR. La ftatuë de Sevére fur un Obelifque ; de chaque côté les ftatuës équeftres d'Antonius & de Geta.

Domna. COL CAES ANTIOCHENI. (*fic*). Une Déeffe debout, le boiffeau fur la tête; de la droite elle tient une branche de laurier; une corne d'abondance de la main gauche qui eft appuyée fur un bâton, autour duquel un ferpent eft entortillé.

Plautine. MANTINEΩN. Un cabire debout, le marteau à la main droite, de la gauche il porte un capricorne.

Macrin. ΓΑΔΑΡΕΩN. La tête de Pallas couverte d'un cafque.

SEP TYRO METR.... La tête d'Hercule.

Antonin, fils de Socemias. ΓΕΦΑΝΕΩΤΩN. Un Genie voilé & tourelé; à fes piés, un bœuf.

COL PTOL. La foudre.

Mœfa. L Γ. La tête d'Ifis.

Sev. Alexandre. ϹΚΗΨΙΩN ΔΑΡΔΑ. Bacchus debout avec fes attributs.

Maxime. L Δ. La tête d'Ifis.

Gordien Africain, pere. L A. L'Equité affife, la balance à la main.

— L A. Rome affife fur un bouclier; de la main droite elle porte l'image de la Victoire.

Gordie Pie. ΑΥϹΙΑΔΕΩN. Une femme affife, une patere à la main droite, une corne d'abondance à la gauche.

— COL CAES ANTIOCH SR. Un drapeau entre deux fignes militaires.

Tranquilline. ΤΟΜΕΩϹ ΜΗΤΡΟ ΠΟΝΤΟΥ Γ. Une Victoire avec fes attributs.

— L Z. La tête du Soleil.

Philippe, fils. L Δ. Triptoleme sur un char traîné par deux dragons.

ΚΟΝΑΝΕΩΝ. Bacchus debout.

Trajan Dece. COL ANTIOCHI SR. Trois signes militaires.

Herennius. CEΠ KOΛ PHCAINHCIΩN L HIP. Un Prêtre mene la charruë ; au haut de la Médaille, une aigle éployée ; au bas, un Dieu Fleuve sortant de l'eau.

Trebonien. COL DAMAS METRO. Une palme dans une urne, sur laquelle on lit ΟΛΥΜΠΙΑ CEBACMIA.

Volusien..... CLAVDIOPOLI. Une figure dans un temple orné de quatre colonnes.

— ΕΠΙ C ΜΙΛΟΥ ΝΕΩΚΟΡΟΥ sur un cartouche ; dans le contour, ΦΛ ΝΕΑCΠΟΛΕΩC ; à l'exergue , une aigle éployée.

Valerien. ΑΡΙCΤΩΝ ΜΕΓ, au milieu d'un édifice de figure octogone ; à l'exergue ΝΙΚΑΙΕΩΝ.

Gallien. CΕΛΕΥΚΕΩΝ ΚΑΛΥΚΑΔ. Pallas debout lance un trait, une figure à ses piés.

Salonine. ΑΦΡΟΔΙCΙΕΩΝ. Le type de la Fortune.

Je passe, Mylord, au petit bronze, dont je me contenterai de vous décrire quelques Médailles des plus curieuses.

Les têtes accolées de M. Antoine & de Cleopatre. — ΤΡΙΠΟΛΙΤΩΝ ΕΤ ΚΓ. La Victoire sur la prouë d'un navire.

Auguste. ΥΠΑΙΠΗΝΩΝ ΑΤΤΑΛΟΣ. La tête du Roi Attale, ornée d'un diadéme.

— CIC XXXVII. La tête d'Auguste. — EX DD. Les têtes accolées de Caius & de Lucius.

F

ΙΟΥΛΙΑ ΚΑΙCΑΡΟC. Trois épics dans une corbeille.
ΤΙΒΕΡΙΟΥ ΚΑΙCΑΡOC. Un simpule.

Caïus Céfar..... ΝΟΥ ΑΝΘΥΠΑΤΟΥ ΝΕ.... Une aigle.

Drufus. - Jupiter debout devant le temple de Venus de
Paphos.

ΔΡΟΥΣ.... ΑΦΡΟΔΙΤΗΣ. La tête de Drufille. ΒΥΖΑΝ-
ΤΙΩΝ. Une étoile au milieu d'un croiffant.

ΤΙ ΚΛΑΥΔΙΟΝ ΚΑΙΣΑΡΑ ΣΕ ΑΓΡΙΠΠΙΝΑ. Les
têtes accolées de Claude & d'Agrippine. - ΜΟΣΤΕΝΩΝ.....
ΙΟΥ ΚΑΙΣΑΡ. Une Amazone à cheval.

ΤΙ ΚΛΑΥ.....ΓΕΡ ΣΕΒ. La tête de Claude. - ΑΓΡΙΠ-
ΠΕΙΝΑ ΤΙ ΚΛΑΥΔΙΟΥ ΓΥ. La tête d'Agrippine.

ΑΓΡΙΠΠΕΙΝΑ ΣΕΒΑΣΤΗ. La tête d'Agrippine. - ΑΛΙ-
ΚΑΡΝΑΣΣΕΩΝ. Une Déeffe debout.

ΒΡΕΤΑΝΝΙΚΟC ΚΑΙCΑΡ. La tête de Britannicus.
ΝΕΡΩΝ ΚΑΙCΑΡ. La tête de Neron.

Neron. ΤΑΒΗΝΩΝ. au milieu d'une couronne.

— ΦΟΙΝΕΙΚΑΙΕΩΝ ΠΕ. La tête de Ti Claude.

DIVA POPPAEA A..... Poppée affife au milieu d'un temple orné de deux colonnes. - DIVA CLAVDIA NER F. Une
petite fille debout dans un temple orné de fix colonnes.

Othon. L A. Le Dieu Canope.

Titus. ΤΥΡ. La maffuë d'Hercule.

Domitia. ΕΠΙ ΜΕΤΡ ΣΩΣΘΕΝΟΥΣ ΚΟΤΙΑΕΩΝ.
Cybele affife.

Trajan. ΤΙΒΕΡ ΚΛΑΥΔ L Ψ Un ancre de navire.

Hadrien. ΑΤΡΙΒ. L ΙΑ· Une femme debout.

— ΚΕΡΑCΟΥΝΤΙΩΝ.....CΟΔ. Jupiter debout, la Foudre
à la main.

Sabine. ΑΙΖΑΝΕΙΤΩΝ. La tête d'Hadrien,

— ΦΩΚΑΕΩΝ. Un vaisseau , avec les bonnets de Castor & de Pollux.

Antonin Pie. ΜΗΤ ΚΑΙ ΠΡΩΤΗϹ ΝΙΚΟΜΗΔΕΙΑϹ. Un cheval marin.

M. Aurele. ΑΔΡΑΜΥΤΤΗΝΩΝ. Thelesphore debout.

Faustine. ΙΗΤΑΝ. Un palmier.

Verus. ΑΝΤ ΠΡ ΙΠ ΙΕΡ ΑϹΥ. Une femme debout portant un cheval dans sa main.

Commode. ΑΡΤ ΤΥΧ ΓΕ. La tête de Crispine.

— ΥΠΕΡ ΝΙΚΗϹ ΡΩΜΑΙΩΝ. La tête d'un Génie, voilée & tourelée.

Sevére. ΚΑΛΥΔΟΝΙΩΝ. Serapis dans un temple orné de deux colonnes.

— ϹΙΛΛΥΕΩΝ. Apollon debout, la lyre à la main.

Domna. IVL A COL PARLAIS. Pallas debout ; de la main droite elle s'appuye sur un sponton.

—ΟΡΧΟΜΕΝΙΩΝ. Une femme debout.

Antonin , fils de Sevére. ΤΙΑΝΩΝ. Mercure debout avec ses attributs.

—COL AVR PIA METR SID. Une tête barbuë , ornée d'un diadême.

Geta. ΔΑΜΑϹΚΗΝΩΝ. Une femme assise sur un écueil.

Macrin. ΚΙΑΝΩΝ. Une urne entre deux chevres affrontées ; elles sont élevées sur leurs piés de derriere.

Diadumene. ΑΥ Κ Μ ΟΠ ΜΑΚΡΕΙΝΟϹ Ϲ. La tête de Macrin.

Mœsa. ΦΛ ΝΕΑϹΠΟΛΕΩϹ ϹΥΡΙΑϹ ΠΑΛ. Le type de l'Esperance.

Sev. Alexandre. ΡΑΦΙΑ ΙΕΡ ꝝϹ. Un serpent autour d'un Trident.

Mamée. BYZANTIΩN. Une étoile au milieu d'un croiſ-
ſant.

Maxime. ΘΥΑΤΕΙΡΕΝΩΝ Une femme aſſiſe, le caſque en
tête ; elle s'appuye da la droite ſur un ſponton ; de la gauche
elle porte l'image de la Victoire.

Gordien Pie. ΙΛΙΕΩΝ Le Dieu Terme.

Philippe, fils. CΙΛΛΥΕΩΝ. La tête du Dieu Lunus.

Dece. COL AEL CAP COM P F. La tête d'un Génie,
tourelée.

—ΕΦΕΣΙΩΝ Γ ΝΕΩΚΟΡΩΝ. La Fortune avec ſes attributs.

Trebonien....... CAES MET PR S PAL. La tête d'un
Génie, tourelée.

Æmilien. VIRTVS AVG. Le Prince debout, ayant le pié
droit poſé ſur un globe.

Gallien. AEL MVNICIP COIL. Cerés debout.

COL ICONIENSIVM S R. La louve allaitant Remus
& Romulus.

Salonine. COL DAMAS METRO. Une urne ſur une table.

Salonin. CAMIΩN. La Victoire debout.

Voilà, Mylord, une partie des Piéces les plus rares, qui
m'ont frapé dans les differentes ſuites, dont ce précieux Cabinet eſt compoſé ; il faudroit le voir tout entier, pour en bien
connoître tout le mérite : ſi votre goût pour les voïages ſe
réveille quelque jour, je vous invite à ne pas oublier la Provence, vous y aurez tout ſujet de vous loüer de la politeſſe de
M. Le Bret, qui ſe fait un plaiſir d'ouvrir ſon Cabinet aux
Connoiſſeurs, parmi leſquels il tient lui-même à juſte titre un
rang ſi diſtingué. Je ſuis avec un profond reſpect, &c.

D'Avignon le 20 de Mars 1734.

FIN.